CE2
cycle 2

Comment le chameau acquit sa bosse et autres histoires

Cahier d'activités
Parcours de lecture

Pascal Dupont
Formateur à l'IUFM Midi-Pyrénées

hachette
ÉDUCATION

Crédits photographiques : page 11 Campagne de prévention de la santé des chameaux (alphabet : tifinag ; langue : touareg tamachek), Agadès (Niger), © Anne Langevin **page 27** Arcimboldo, *L'Hiver*, musée du Louvre, photo Josse **page 43** Jardin japonais © Photothèque Hachette **page 59** © Photothèque Hachette.

Crédits textes : *Un fabuleux chapeau* et *Le manteau du Père Noël*, © 2000 Éditions Grasset & Fasquelle pour le texte et les illustrations. *Comment le chameau acquit sa bosse,* © The National Trust for Places of Historic Interest or Natural Beauty, © Hachette Livre, collection « Le Livre de Poche Jeunesse » pour la traduction française.

ISBN : 978-2-01-116446-9

AVANT-PROPOS

Ce cahier comporte un ensemble d'activités destinées à accompagner les élèves dans la découverte, la compréhension et les émotions des œuvres complètes du recueil **Le bibliobus CE2**.

Il propose des parcours organisés de lecture permettant de lire et comprendre, lire et dire, lire et écrire. Les différentes parties de ces parcours correspondent à un découpage des textes en grandes unités de sens.

Dans le livre **Le bibliobus CE2**, ce découpage n'est pas marqué formellement, simplement chaque unité de sens se termine sur une page impaire. Ces arrêts de la lecture linéaire suscitent curiosité et questionnement, favorisent l'anticipation, donnent l'envie de continuer à lire.

Les textes sont abordés à travers des types d'activités variées afin d'éviter la lassitude et de soutenir l'appétit de lecture. Celles-ci visent à développer des compétences spécifiques au domaine littéraire.

Dans le cahier d'activités, le maître trouvera les entrées suivantes dans la lecture. Elles sont précédées de consignes simples et accessibles pour guider les élèves.

DÉCOUVRIR • À partir de la couverture et du texte de 4e de couverture de l'histoire, les élèves avant de lire l'histoire, émettent des hypothèses, relèvent des indices sur le récit.

LIGNE À LIGNE • Les élèves répondent oralement à un questionnement du maître qui les aide à faire la synthèse d'une première prise de connaissance du texte.

LE TEXTE À LA LOUPE • Les élèves relisent le texte « crayon à la main », constituent des réseaux de signification, sont amenés à porter leur attention sur un personnage, ses motivations, la narration .... , à faire les inférences nécessaires pour mieux comprendre.

JEU DE MOTS • Les élèves découvrent les inventions et la logique de la langue, l'utilisation qu'en fait un auteur. Ils prennent plaisir à jouer avec elle.

LIRE ET DIRE • Les élèves mettent en relation la lecture à voix haute et la compréhension, ils s'entraînent à dire un texte en en donnant une interprétation. Ils expérimentent les possibilités de leur voix, mémorisent des textes, les mettent en jeu.

EN DÉBAT • Les élèves s'initient à l'argumentation à travers la préparation de débats dans lesquels ils peuvent mettre à l'épreuve leur interprétation, relier leur lecture à des expériences personnelles.

AU FIL DU STYLO • Les élèves peuvent trouver de nombreux points de départ d'activités d'écriture dans leurs lectures : prolonger un texte, ajouter un épisode, une description ou un dialogue qui s'insère dans le récit, transformer un texte, écrire un texte du même genre...
La lecture vient nourrir l'écriture et l'imaginaire des élèves, l'écriture leur permet de porter un regard neuf sur le texte.

ARRÊT SUR IMAGE • Les élèves observent et explorent une image qu'ils associent librement aux thématiques de l'œuvre lue.

DES TEXTES EN RÉSEAUX • Les élèves en confrontant un texte qu'ils viennent de lire aux extraits d'autres textes, adoptent un comportement de lecture spécifique qui les conduit à rechercher des analogies et des résonances, repérer des modes de fonctionnement particuliers, découvrir d'autres aspects du texte source.
Ils construisent et structurent ainsi leur culture.

SURFER SUR LA TOILE • Les élèves recherchent sur Internet des informations simples qu'ils sont conduits à classer. Une autre dimension peut ainsi être donnée au texte : historique, scientifique, culturelle...

Le **cahier d'activités Bibliobus** constitue pour le maître un outil qui permet la mise en œuvre concrète des **programmes** dans le domaine de la **littérature** et offre aux élèves des entrées diversifiées dans les textes afin de développer leurs compétences de lecteur et renouveler leur plaisir de lire.

Pascal Dupont
Formateur à l'IUFM Midi-Pyrénées

Comment le chameau acquit sa bosse

DÉCOUVRIR

Je découvre l'histoire

Rudyard Kipling
Traduit par Jean Esch et André Divault

Comment le chameau
acquit sa bosse

Illustré par Marianne Maury-Kaufmann

HACHETTE *Éducation*

Rudyard Kipling
Écrivain anglais né à Bombay en 1865, mort à Londres en 1936. Ses principales œuvres ont pour cadre l'Inde, notamment les deux *Livres de la jungle* (1894 et 1895).

Au commencement des temps,
le chameau n'avait pas de bosse.
Il était très paresseux et
lorsqu'on lui adressait la parole,
il répondait : « Bof ! »
C'est alors qu'arriva
le Djinn de tous les déserts…

8 ans et +

Quel est le nom de l'auteur de cette histoire ? De quelle nationalité est-il ?

....

Qui a traduit cette histoire ?

....

Cet auteur a écrit une histoire très célèbre à partir de laquelle Walt Disney a réalisé un dessin animé. Retrouve son titre en remettant dans l'ordre les lettres suivantes :

El viler ed al guljen

....

Comment le chameau acquit sa bosse

1ère partie

Je réponds oralement

LIGNE À LIGNE

Quels sont les différents personnages de cette histoire ?
Qu'est-ce qui différencie le Chameau des trois autres animaux ?
Que décide l'Homme ? Comment réagissent les autres animaux ?

Je relis et je comprends mieux

> Dans cette histoire, les personnages n'ont pas de noms, mais sont désignés par un nom commun portant une majuscule : le Chameau, l'Homme...

LE TEXTE À LA LOUPE

1 D'habitude, quand met-on des majuscules aux mots ?

....

2 Pourquoi l'auteur a-t-il utilisées les majuscules ici ?

....

3 Quel est le principal trait de caractère du chameau ?
Retrouve et écris les mots et les expressions qui le montrent.

....

....

4 Dessine le chameau au début de l'histoire.
Explique pourquoi tu l'as représenté de cette façon.

....

....

....

....

....

....

Je joue avec la langue

JEU DE MOTS

Dans le texte, le chameau **est désigné par d'autres expressions :**
C'était un Hurleur. *Cette chose qui dit Bof.*

5 **Trouve de nouvelles expressions pour désigner le chameau.**
(Aide-toi de ce que tu connais de cet animal.)

6 **Recopie le passage qui va de :** « Alors le Chien vint le trouver… » **(page 10)**
jusqu'à « …Et le Bœuf s'en fut le répéter à l'homme » **(page 12).**
Remplace chaque fois le mot chameau **par les expressions que tu as trouvées.**

Alors le Chien vint le trouver …

Je dis, je joue un dialogue

LIRE ET DIRE

7 **Relis le passage qui va de** « Alors, le cheval… » **(page 10)**
jusqu'à « …Et le Bœuf s'en fut le répéter à l'homme » **(page 12).**

8 **Cherche une voix pour chaque animal :**

Le Cheval : Il est très poli. **Le Chameau :** Il se moque de tout.
Le Bœuf : Il est furieux. **Le Chien :** Il court beaucoup, il est essoufflé.

9 **Lis la scène à haute voix avec tes camarades.**

AU FIL DU STYLO

J'écris un texte

Le portrait du Djinn

« C'est alors qu'arriva le Djinn responsable de Tous les Déserts, enroulé dans un nuage de poussière (les Djinns voyagent toujours de cette manière car c'est Magique)... » (page 12)

10 Fais une description du Djinn : son allure physique, son visage, ses vêtements, etc. (N'oublie pas que c'est un personnage magique !)

....

....

....

....

11 Compare ta description à celles de tes camarades. Imaginez-vous le Djinn de la même manière ?

....

EN DÉBAT

Je pense que... et toi ?

« Il y avait un Chameau qui vivait au milieu d'un Désert Hurlant car il ne voulait pas travailler. Et lorsqu'on lui adressait la parole, il répondait : "Bof ! " Simplement "Bof ! " et rien d'autre. »

12 Que penses-tu de l'attitude du chameau ?

....

13 Pourquoi agit-il ainsi ?

....

14 Que ferais-tu à sa place ? Aiderais-tu les autres animaux ou continuerais-tu à vivre de la manière qui te plaît ?

....

....

Comment le chameau acquit sa bosse

2nde partie

Je réponds oralement

LIGNE À LIGNE

Que racontent les animaux au Djinn ?
Comment le chameau se conduit-il avec le Djinn ?
Que dit-il une fois de trop ? Que lui arrive-t-il alors ?

Je relis et je comprends mieux

LE TEXTE À LA LOUPE

1 Complète les phrases suivantes :

Le Djinn veut que le chameau ....

Comme il répond seulement : « Bof ! »

Le Djinn lui fait pousser une .... sur le dos.

2 Que remarques-tu ? Ces deux mots ont-ils le même sens ?

....

3 Pourquoi l'auteur s'amuse-t-il à les utiliser ensemble ?

....

Je joue avec la langue

JEU DE MOTS

Il y a des mots qui se prononcent de la même façon mais qui n'ont pas souvent le même sens : ce sont des homonymes.

4 Voici une série d'homonymes :
il boite/ une boîte – elle sèche / une seiche – elle coupe / une coupe – il porte / une porte.

Invente une nouvelle rencontre entre le Djinn et le Chameau en utilisant une de ces paires d'homonymes.

Le Djinn continua à réfléchir à des Magies, le menton dans la main.
« Bof ! dit le Chameau.
– Je ne répéterais pas ça si j'étais toi, dit le Djinn. Tu pourrais le dire une fois de trop.

Le Djinn veut que le chameau..

....

....

Je choisis un texte à écrire

AU FIL DU STYLO

Une magie du Djinn

Malgré sa bosse, le Chameau ne veut toujours pas aller travailler pour l'homme.

5 **Imagine une nouvelle magie du Djinn.**

....

....

....

Des histoires du pourquoi et du comment ?

6 **Rédige, à ton tour, une histoire qui explique de façon amusante une particularité physique ou le comportement d'un animal :** les rayures du zèbre, les oreilles du lièvre, la couleur du merle, le caméléon qui change de couleur, l'abeille qui fabrique du miel…

- Choisis un animal et décide quelle particularité lui manquera au début de l'histoire.
- Recherche un événement qui va expliquer sa transformation.
- Écris ton texte en trois parties :
Il y a très longtemps…,
Mais un jour…, Depuis ce temps-là…,
- Donne un titre à ton récit.

....

....

....

....

Je pense que… et toi ?

EN DÉBAT

Mais pourquoi le Chameau a-t-il une bosse ?

7 **Quelle est la réponse de l'histoire ?**

Le Chameau a une bosse parce que ....

8 **À ton avis, cette explication correspond-elle à la réalité ?** ....

9 **À quoi peut servir la bosse du Chameau ?**

Le Chameau a une bosse parce que ....

....

Je lis une image

Prévention de la santé des chameaux

Campagne de prévention Union européenne/Action contre la faim à Agadès (Niger).

1. Pour quel travail l'homme utilise-t-il le dromadaire ?

....

2. Quelles sont les différences entre les dessins du haut et ceux du bas ?

....

....

....

3. Pourquoi est-il important de bien traiter les dromadaires ?

....

....

....

Je lis aussi

• Texte 1

Les Djinns

de Victor Hugo

(…) Dans la plaine
Naît un bruit.
C'est l'haleine
De la nuit.
Elle brame
Comme une âme
Qu'une flamme
Toujours suit ! (…)

La rumeur approche,
L'écho la redit,
C'est comme la cloche
D'un couvent maudit ;
Comme un bruit de foule,
Qui tonne et qui roule,
Et tantôt s'écroule,
Et tantôt grandit. (…)

C'est l'essaim des Djinns qui passe,
Et tourbillonne en sifflant !
Les ifs, que leur vol fracasse,
Craquent comme un pin brûlant,
Leur troupeau, lourd et rapide,
Volant dans l'espace vide,
Semble un nuage livide
Qui porte un éclair au flanc. (…)

On doute
La nuit…
J'écoute :
Tout fuit,
Tout passe
L'espace
Efface
Le bruit.

Extrait du recueil *Les Orientales,* 1828.

1 Écoute ce poème. Quels sont les sons que tu entends le plus fréquemment ?

....

....

2 Lequel préfères-tu ?

....

3 Recherche dans le texte quelques bruits produits par les Djinns.

....

....

4 Pourquoi n'entend-on plus que le silence à la fin du poème ? Que s'est-il passé ?

....

....

....

....

Oral :

Lis le poème en faisant varier l'intensité de ta voix : parle de plus en plus fort, puis termine en chuchotant.

Je lis aussi

• Texte 2

Comment le chameau est devenu laid

de Muriel Bloch

On dit que, jadis, le chameau était le plus beau de tous les animaux.
Il possédait une queue longue, fournie, superbe et de puissantes cornes.
Un jour qu'il allait boire à la rivière, il rencontra le cerf qui lui dit :
— Je vais à la fête ; prête-moi tes cornes, frère.
Le chameau accepta et l'attendit au bord de l'eau.
Ce même jour, le cheval arriva qui lui demanda :
— Prête-moi ta queue, je vais à la fête.
— D'accord, dit le chameau.
Et il se mit à attendre au bord de la rivière. Tout en attendant, il buvait de l'eau et surveillait la route, mais n'apercevait ni cerf, ni cheval …
Le cerf, qui a trompé le chameau, est entré dans la taïga ;
on ne l'a jamais revu dans la steppe et … il a gardé les cornes !
Le cheval, lui, a gardé la queue, mais depuis, dès lors qu'il voit un chameau, il prend la fuite. Dès lors, le chameau est devenu l'animal le plus laid et le plus acariâtre de la création.

Muriel Bloch, *365 contes des pourquoi et des comment,* © Gallimard Jeunesse.

1 Dessine le chameau au début, puis à la fin du récit.

AVANT	APRÈS

2 Quels sont les points communs entre cette histoire et « Comment le chameau acquit sa bosse » ?

....

....

Oral :
Raconte l'histoire en ajoutant une rencontre avec un nouvel animal.

Je sélectionne des informations sur Internet

Mot-clé : CHAMEAU

1 Dans l'histoire de Kipling, l'animal décrit est-il un chameau ou un dromadaire ?

....

2 Recherches des informations pour décrire cet animal et classe-les : poids, taille, nourriture, habitudes de vie, durée de vie, petits, utilité pour l'homme ...

Habitat :	Petits : ....
Poids :	Habitudes de vie :..............................
Taille :	....
Nourriture :	Utilité pour l'homme : ....
Couleur :	....
Durée de vie :	....

Le mot chameau a deux sens : il désigne aussi bien un animal qu'une famille de ruminants qui comprend les lamas et les dromadaires.

3 Explique quel rôle important ont les bosses du chameau et du dromadaire.

....

....

Le manteau du Père Noël

Je découvre l'histoire

DÉCOUVRIR

Olivier Ka

Le manteau du Père Noël

Illustré par Annie-Claude Martin

HACHETTE *Éducation*

Olivier Ka

Né au Liban en 1967, fils de Carali (un dessinateur de BD) et de Gudule (un auteur), il a écrit de nombreux livres pour enfants dont *Avant le nuage* aux éditions Grasset Jeunesse.

Martin rêvasse au bord de l'étang aux Légendes : pourquoi ses parents ont-ils l'air si triste depuis peu, et pourquoi ne veulent-ils pas fêter Noël ?
Mais voilà que le Père Noël en personne passe sur son traîneau… et oublie son manteau !
Un manteau pas ordinaire…

7 ans et +

Comment s'appelle l'auteur de l'histoire ?

....

Où est-il né ? Connais-tu ce pays ?

....

Comment s'appelle le personnage principal de l'histoire ?

....

Qu'est-il en train de faire sur la couverture ?

....

Le manteau du Père Noël

Chapitres 1 et 2

Je réponds oralement

LIGNE À LIGNE

Quelle nouvelle apprend Martin au début de l'histoire ?
Quel véhicule voit-il s'enfoncer dans l'Étang aux légendes ?
Que ramasse-t-il flottant à la surface de l'étang ?

Je relis et je comprends mieux

LE TEXTE À LA LOUPE

1 Retrouve des mots et des expressions qui montrent que les parents de Martin ont des soucis. Écris-les.

....

....

2 Peux-tu expliquer pourquoi Martin pense que rien ne va plus depuis quelque temps ?

....

....

3 Relis le passage dans lequel Martin aperçoit le traîneau du Père Noël (page 25). Recopie tous les mots qui désignent le traîneau (pages 25 et 26).

Un truc énorme – ....

....

4 Dessine le trajet effectué par Martin dans ces deux premiers chapitres.

Je dis, je joue une description

Tu vas lire le passage de l'arrivée du traîneau du Père Noël, comme si c'était un reportage de radio ou de télévision.

5 Lis le passage une première fois.

La chose tournoie dans le ciel en se rapprochant du sol.
Martin en a le souffle coupé : c'est bien une carriole
qui se dirige vers lui, tirée par de grands animaux !
« C'est pas po... possible !... bredouille-t-il. »
Le véhicule pique du nez et fonce en direction de l'étang.
Martin voit parfaitement de quoi il s'agit, à présent :
six rennes attelés à un carrosse dépourvu de toit,
dans lequel est installé un homme portant
une imposante barbe blanche.
Le Père Noël en personne.
Les rennes galopent dans le vide, leur museau pointé
vers le bas. Mais... ils vont s'écraser sur le sol !
Martin ouvre la bouche, et un pitoyable petit cri aigu
lui sort de la gorge. Les rennes atteignent l'étang,
dont la surface explose dans un bruit de chutes du Niagara.

6 Pour marquer l'étonnement ou l'émotion, souligne les mots que tu vas lire vite et encadre ceux que tu vas lire lentement.

7 Mets un trait à chaque endroit où tu vas t'arrêter pour entretenir le suspense.

8 Maintenant, relis devant la classe le texte en imitant le ton que prennent les journalistes dans les reportages télévisés.

Je choisis un texte à écrire

AU FIL DU STYLO

Un Père Noël sous l'eau

« Le Père Noël a disparu sous l'eau. Quelques bulles forment encore des remous et puis l'étang redevient calme et lisse, comme s'il ne s'était rien passé. »
(pp. 28-29)

9 Dessine la maison du Père Noël sous l'eau en essayant de représenter un maximum de détails.

10 Imagine la vie du Père Noël sous l'eau. Écris un petit texte pour la décrire.

À l'eau

« Si maman voit Martin, il dira qu'il s'est fait attraper par une bande de grands qui l'ont balancé dans l'eau. » **(page 32)**

11 **Invente** un dialogue **dans lequel Martin raconte cette histoire à sa mère pour expliquer qu'il est mouillé.**

> Va à la ligne chaque fois que Martin ou sa mère parle. Écris leur nom devant chaque réplique.

Je pense que... et toi ?

EN DÉBAT

« Martin a bien cru que ce matin, il aurait enfin droit à des explications. Mais au lieu de cela, maman a réglé le problème comme à chaque fois, en le laissant hors du coup. » **(page 22)**

12 Pourquoi Martin a-t-il un sentiment d'injustice ?

13 Quels conseils pourrais-tu lui donner ?

Le manteau du Père Noël

Chapitres 3 et 4

Je réponds oralement

LIGNE À LIGNE

Quel personnage Martin découvre-t-il en rentrant chez lui ?
Quel événement extraordinaire se produit dans la chambre ?
Qu'est-ce que Martin veut vérifier avec la chienne Zamir ?

Je relis et je comprends mieux

LE TEXTE À LA LOUPE

1. Quel signe de ponctuation trouve-t-on souvent dans le chapitre 3 ? Pourquoi ?

....

....

2. Pour Martin, quel est le métier de l'inconnu ?

....

3. Et toi, que penses-tu qu'il vient faire ?

....

....

4. Relève les mots qui décrivent les sensations bizarres que Martin éprouve lorsqu'il est caché sous le manteau.

....

....

5. Recopie une phrase qui montre que Martin s'est transformé en lampadaire.

....

....

....

....

LIRE ET DIRE

Je dis, je joue un dialogue

6 Entraîne-toi à lire le passage suivant (pages 40-42) :

« Je peux voir ce qu'il y a là-dessous ? demande le type.
— Ça doit être du linge sale appartenant à mon fils...
— Soulevez le tissu, s'il vous plaît.
— Et ça, qu'est-ce que c'est ? fait l'homme sur un ton de reproche.
— Je... je ne sais pas... je ne comprends pas... bégaye Maman.
— On essaye de cacher des objets de valeur, n'est-ce pas ?
— Non, je vous jure que non...
— Je consigne : un lampadaire 1930, en cuivre et pâte de verre. »

7 Souligne en rouge les paroles de la mère de Martin, en bleu les paroles de l'inconnu.

8 Essaie de dire le texte en t'aidant des remarques suivantes :

- L'inconnu : donne des ordres, a une voix autoritaire.
- La maman de Martin : surprise, embarrassée, elle ne finit pas ses phrases et bégaie.

Installe un objet sous un morceau de tissu et joue la scène avec un(e) camarade.

JEU DE MOTS

Je joue avec la langue

9 Numérote les phrases dans l'ordre de 1 à 7 pour reconstituer l'histoire (pp. 49-51) :

- ◯ Il le jette sur la chienne Zamir.
- ◯ La forme se met à bouger et à aboyer.
- ◯ Martin déplie le manteau du Père Noël.
- ◯ Il soulève doucement l'habit.
- ◯ Martin libère Zamir, elle détale.
- ◯ Il découvre un camion de pompier tout neuf.
- ◯ Martin étale le vêtement sur le jouet.

10 Invente un mot ou une expression pour désigner le pouvoir du manteau du Père Noël.

....

....

Je choisis un texte à écrire

AU FIL DU STYLO

Le manteau magique
Martin veut vérifier une seconde fois le pouvoir du manteau du Père Noël.

11 Choisis un personnage que Martin peut rencontrer dans la rue
(le chat Mistigri, le marchand de bonbons, son ami Fabrice…).

12 Décris brièvement ce personnage.

13 Imagine en quel objet il va être transformé.

14 Indique une relation entre l'objet et le personnage (ils vont avoir la même taille, la même grosseur, la même forme, une même particularité…).

15 Écris le récit de cette transformation**.**

La mésaventure de Zamir

16 Relis le passage qui va de :
« Quelques mètres plus loin, Zamir, une petite chienne frétillante pas plus haute qu'un chat, vient à sa rencontre… » **(page 49) jusqu'à** « …Quand l'enfant libère Zamir, la chienne détale droit devant elle » **(page 52).**

17 Réécris ce passage en faisant raconter l'événement par Zamir.

Tu peux commencer ton récit de la façon suivante :
À l'angle de la rue, j'ai aperçu mon ami Martin qui venait vers moi.
C'est un garçon très gentil qui a toujours un biscuit ou un sucre à m'offrir…………

……………………………………………………………………………………………

……………………………………………………………………………………………

……………………………………………………………………………………………

……………………………………………………………………………………………

……………………………………………………………………………………………

……………………………………………………………………………………………

……………………………………………………………………………………………

……………………………………………………………………………………………

……………………………………………………………………………………………

……………………………………………………………………………………………

Prends le point de vue de Zamir.
Cherche les détails
sur lesquels tu vas insister
(n'oublie pas que tu es un chien !).
Raconte ton histoire
à la première personne.

Le manteau du Père Noël

Chapitres 5 et 6

Je réponds oralement

LIGNE À LIGNE

Quel genre de spectacle organise Martin ?
Qui vient sonner à la porte la première fois ? Et la deuxième ?
Qu'arrive-t-il à ses parents ?

Je relis et je comprends mieux

LE TEXTE À LA LOUPE

1. Pourquoi peut-on dire que les parents de Martin disparaissent deux fois ?

....

2. Quel est le métier de l'inconnu du chapitre 3 ? ....

3. Explique ce qu'il était en train de faire au chapitre 3 ?

....

4. Dans les chapitres 5 et 6, Martin éprouve de la joie et de la tristesse. Recherche dans le texte des mots ou des expressions qui expriment ces sentiments et classe-les en deux colonnes.

Joie	Tristesse
....	....
....	....
....	....
....	....
....	....

5. Quel est le sentiment qui l'emporte ?

....

....

LIRE ET DIRE

Je dis, je joue un dialogue

6 Lis le passage qui va de « Sur le palier, ventre bedonnant et poings sur les hanches… » (page 62) jusqu'à « … Allez, salut fiston. À la prochaine ».

7 Recopie les trois phrases qui ne font pas partie du dialogue (celles où ce ne sont pas les personnages qui parlent).

....

....

....

....

....

8 Retrouve la phrase qui indique sur quel ton parle le Père Noël.

....

9 Quels signes de ponctuation observes-tu plusieurs fois dans les répliques de Martin ?

....

10 Quelle indication donnent-ils sur sa façon de parler ?

....

....

....

11 Interprète ce dialogue avec un camarade en vous aidant de votre préparation.

N'oublie pas que le Père Noël est très impressionnant et qu'il arrache le manteau des mains de Martin.

J'écris un texte

AU FIL DU STYLO

La recette du gâteau de Noël

«C'est peut-être sa façon à lui de vous offrir un cadeau pour Noël, suggère Martin», en concluant cette histoire. (page 80)

12 Pour fêter Noël, Martin va aussi faire un cadeau à ses parents : un énorme gâteau de Noël.
Fais la liste d'ingrédients que tu aimes bien : fruits confits,noix de coco râpée...
Note les ustensiles dont il aura besoin : saladier, cuillère en bois, moule à gâteaux. Écris une recette en organisant les actions dans un ordre logique (tu peux les numéroter).

Nom de la recette : ....

Ustensiles : ....

....

....

....

Ingrédients : ....

....

....

....

Préparation : ....

....

....

....

13 Donne un nom à la recette qui donne vraiment envie de manger ce gâteau.

Je pense que... et toi ?

EN DÉBAT

14 Dans cette histoire qu'apprend Martin sur ses parents ?

....

15 Peux-tu mieux expliquer maintenant leur attitude au chapitre 1 ?

....

ARRÊT SUR IMAGE

Je lis une image

Arcimboldo, *L'Hiver,* 1573,
musée du Louvre, Paris.

1 Quelle est la saison représentée sur ce tableau ?

....

2 Quels éléments a utilisés le peintre pour constituer son portrait ?

....

3 As-tu remarqué les citrons ? Comment peux-tu expliquer leur présence ?

....

4 Quelle impression te donne ce portrait ?

....

5 Choisis une autre saison. Quels éléments pourrais-tu utiliser pour faire son portrait ?

....

Je lis aussi

• Texte 1

Métamorphose

de David Lubar

Tandis que nous quittions le gymnase à la fin du cours, Mr Sicker m'a demandé :
– Tu es allé chez le coiffeur, Norman ?
J'ai vaguement hoché la tête.
Dans le vestiaire, j'ai machinalement cherché mes lunettes. Je ne les avais pas. Voilà pourquoi Séba et les autres m'avaient trouvé différent. Ils avaient décelé un changement dans ma physionomie sans parvenir à le définir. J'étais parti sans mes lunettes ce matin, et je ne m'en étais pas aperçu pour la bonne raison que je voyais tout distinctement. Je me métamorphosais. Je voyais dans le noir au cinéma, j'entendais mieux qu'avant. Quoi d'autre encore ?
Je me suis parlé à voix haute : Sois rationnel. Raisonne scientifiquement. Intrigués, mes camarades me dévisageaient. Ne leur prêtant aucune attention, j'ai dressé la liste de mes symptômes – la course, l'escalade, la faim, les rêves, la vue, l'odorat… Puis j'ai essayé d'en trouver l'origine.
Les élèves avaient quitté le vestiaire et je restais là, à contempler ma liste. Quand soudain, la raison de ces changements m'a frappé…

David Lubar, *L'ombre du loup-garou,* Policier Junior, collection Cascade, Rageot Éditeur.

1 Explique avec tes mots ce qu'est une métamorphose.

……………………………………………………………………………………………

2 Fais la liste de tous les changements que ressent Norman.

……………………………………………………………………………………………

……………………………………………………………………………………………

3 À ton avis en quoi est-il en train de se transformer ? Relève dans le texte les indices qui te permettent de justifier ta réponse.

……………………………………………………………………………………………

……………………………………………………………………………………………

4 Et toi, aimerais-tu te métamorphoser ? En quoi ? Pourquoi ?

……………………………………………………………………………………………

……………………………………………………………………………………………

Je lis aussi

• Texte 2

Le Père Noël a des ennuis

d'Ann Rocard

Musique. Nuit. Le Père Noël traverse la salle, portant sa hotte pleine de cadeaux. Il entre dans une maison très sombre.

PÈRE NOËL : Je n'y vois rien.

Le Père Noël prend sa lampe de poche et dirige le faisceau dans différentes directions.

PÈRE NOËL : Ah, le sapin ! *(dépose des paquets près du sapin)* Parfait ! Demi-tour !

Le Père Noël se retourne et éclaire l'autre côté de la pièce. Un homme masqué se trouve non loin de lui ; il tient un pistolet et un sac.

PÈRE NOËL : Ah ! Vous m'avez fait peur !
VOLEUR : Tant pis.
PÈRE NOËL : Vous habitez dans cette maison ?
VOLEUR : Non. Vous, non plus ?
PÈRE NOËL : Bien sûr que non ! Je suis le Père Noël.
VOLEUR : Et moi, le pape !
PÈRE NOËL : Vous ne me croyez pas ?
VOLEUR : *(Hausse les épaules)* Peuh …Pour qui me prenez-vous ?
PÈRE NOËL : Pour un cambrioleur.
VOLEUR : Qui vous l'a dit ?
PÈRE NOËL : Personne. Cela saute aux yeux.
VOLEUR : J'étais là avant vous. Et comme je ne laisse jamais de témoin derrière moi …
PÈRE NOËL : Eh bien ?

Musique terrible. Le voleur assomme le Père Noël qui tombe au sol.

VOLEUR : Eh bien, voilà !

Le voleur ouvre un boîte, prend des bijoux, les mets dans son sac, puis s'en va.

VOLEUR : *(en partant)* Père Noël ? Quel imbécile ! Il aurait pu trouver un autre déguisement pour dévaliser cette maison, la nuit de Noël. *(Il disparaît.)*

Le Père Noël a des ennuis et 10 autres pièces de Noël, Édition Le Sénevé.

Théâtre :
Joue la scène avec tes camarades, puis imagine comment la pièce pourrait se terminer.

1 Quand se déroule la scène ? ....

2 Le voleur croit-il à l'existence du Père Noël ? Relève un indice qui le montre.

....

3 Pourquoi la pièce s'appelle-t-elle « le Père Noël a des ennuis » ?

....

Je sélectionne des informations sur Internet

Aujourd'hui, tous les enfants du monde attendent le Père Noël la nuit du 24 décembre. Pourtant, ce personnage n'est pas très ancien et n'est apparu en France qu'au début du xxe siècle. D'autres personnages que tu ne connais peut-être pas, sont liés à la tradition de Noël, comme :
La Befana, Saint Nicolas, Frau Holle (ou Berchta), Père Gel et Babouchka, Christkindel et Hans Trapp…

Recherche des informations pour savoir qui ils sont.

Mots-clés :
La Befana,
Saint Nicolas,
Frau Holle,
Père Gel,
Christkindel

1 Choisis l'un d'eux.

....

2 De quel pays vient ce personnage ?

....

3 Quel point commun a-t-il avec le Père Noël ?

....

4 Comment se déplace-t-il ?

....

....

....

5 D'après sa description,
essaie de le dessiner pour le présenter à tes camarades.

Un fabuleux chapeau

Je découvre l'histoire

DÉCOUVRIR

Michèle Cornec-Utudji

Un fabuleux chapeau

Illustré par Léone Berchadsky

HACHETTE *Éducation*

Michèle Cornec-Utudji

Née en banlieue parisienne, elle est enseignante, auteur et mère de famille. Elle écrit des histoires pour enfants, des poèmes et des pièces de théâtre.

Mimosa n'est pas une vieille dame comme les autres : elle possède un chapeau un peu spécial. Ça ne plaît pas à tout le monde… Un jour, le chapeau est emporté par une bourrasque ! Roméo, son petit voisin, décide de lui en racheter un. Mais où trouver un chapeau pareil ?

7 ans et +

Quel mot du titre montre que le chapeau de Mimosa est un peu spécial ?

Que fait Mimosa sur le dessin ?

Que va-t-il arriver à son chapeau ?

Quel autre personnage vas-tu rencontrer dans le roman ? Qui est-il ?

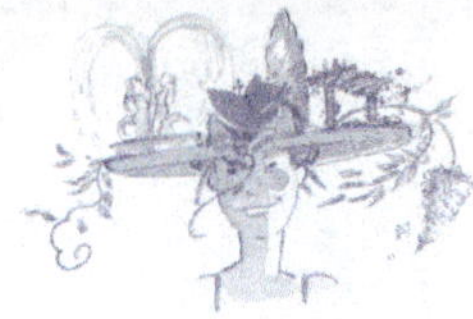

Un fabuleux chapeau

Chapitres 1 et 2

Je réponds oralement

LIGNE À LIGNE

Qui a donné son chapeau à Mimosa ?
Pourquoi est-il différent des autres chapeaux ?
Qu'arrive-t-il à Mimosa à la fin du premier chapitre ?
Que décide de faire Roméo pour consoler Mimosa ?

Je relis et je comprends mieux

LE TEXTE À LA LOUPE

1 Fais la liste de tout ce que l'on trouve sur le chapeau de Mimosa.

....

....

....

2 Peux-tu expliquer maintenant la phrase : « C'est tout un monde, ce chapeau ! »

....

....

3 Relis le texte et dessine le chapeau de Mimosa. Ajoutes-y deux ou trois éléments que tu choisiras. Indique sur ton dessin le nom des éléments qui composent le chapeau.

Je dis, je joue un dialogue

4 Lis la conversation entre Mme Rutabaga et l'épicière de : « Après tout, remarque l'épicière… (page 90) à « …Cette Mimosa est folle à lier ! » (page 93)

5 Recopie le passage en ne conservant que les dialogues entre les deux personnages. Va à la ligne chaque fois que l'un d'eux parle.

Dans l'épicerie

L'épicière : Après tout, on ne sait rien de ……………………………………

……………………………………………………………………

Mme Rutabaga : ……………………………………………………

……………………………………………………………………

……………………………………………………………………

……………………………………………………………………

……………………………………………………………………

……………………………………………………………………

……………………………………………………………………

……………………………………………………………………

……………………………………………………………………

……………………………………………………………………

……………………………………………………………………

……………………………………………………………………

……………………………………………………………………

……………………………………………………………………

……………………………………………………………………

6 Apprends les répliques de Mme Rutabaga ou de l'épicière.

7 Joue la scène avec un camarade.

Pour jouer la scène, mettez-vous par groupe de deux de chaque côté d'une table qui représentera le comptoir de l'épicerie.
Mme Rutabaga est très énervée, elle parle avec une voix forte en faisant de grands gestes.
L'épicière est aimable et patiente.

Je choisis un texte à écrire

AU FIL DU STYLO

Le voyage du chapeau de Mimosa

8 Imagine le voyage du chapeau de Mimosa emporté par le vent.
Pour écrire ton texte, tu peux décrire les différents lieux dans lesquels il va être transporté.
« Hélas ! à peine a-t-elle mis le nez dehors, qu'un violent coup de vent emporte le chapeau. Mimosa court pour le rattraper, mais il disparaît dans un nuage de poussière… »

....

....

....

....

....

....

Le chapeau magique

9 Imagine que le chapeau de Mimosa est magique. Il décide de faire une farce à Mme Rutabaga.

....

....

....

....

....

....

Je pense que... et toi ?

EN DÉBAT

Un mauvais caractère ?
Mimosa porte un chapeau un peu bizarre. Deux personnages ont une opinion complètement différente sur elle :
- Mme Rutabaga pense qu'elle est folle à lier,
- Roméo trouve qu'elle a bien le droit de faire ce qu'il lui plaît.

10 Qu'en penses-tu ? Cherche des exemples dans le texte pour expliquer ta réponse.

....

....

....

....

11 T'est-il déjà arrivé, toi aussi, de faire quelque chose qui a paru bizarre à ta famille ou tes camarades ? Quelle a été leur réaction ?

....

....

....

....

Un fabuleux chapeau

Chapitres 3 et 4

Je réponds oralement

LIGNE À LIGNE

Comment s'appelle le marchand de chapeaux ?
En vend-il comme celui de Mimosa ? Pourquoi ?
Quelle est l'idée de Roméo ? Que croit le marchand ?

Je relis et je comprends mieux

LE TEXTE À LA LOUPE

1. Que se passe-t-il pendant trois jours dans le magasin de monsieur Robillard ?

2. Recopie les phrases qui montrent que monsieur Robillard est vraiment surpris.

3. Peux-tu expliquer maintenant pourquoi on peut dire que la ruse de Roméo est « diabolique » ?

4. Relis le passage qui raconte le rêve de monsieur Robillard et dessine-le.

LIRE ET DIRE

Je dis, je joue une réplique

« Par les moustaches de Robillard, que je sois mangé tout cru si j'en crois mes oreilles ! » lance le marchand en ouvrant de grands yeux.

5 Entraîne-toi à lire cette réplique de monsieur Robillard (page 102) en montrant qu'il est très étonné.

Souligne les « r » dans cette phrase, puis dis-la en détachant bien cette lettre.

6 Recherche d'autres accents que pourrait prendre monsieur Robillard : parler comme un vieux monsieur, parler comme un Anglais...

JEU DE MOTS

Je joue avec la langue

7 Observe la structure de la phrase prononcée par monsieur Robillard :

« Par les moustaches de Robillard, lance le marchand en ouvrant de grands yeux, que je sois mangé tout cru si j'en crois mes oreilles ! »

8 En reprenant la même structure, invente une nouvelle expression que pourrait lancer monsieur Robillard quand une jeune fille vient lui demander un chapeau-jardin japonais.

« Par les .... de ....

.... le marchand en ouvrant de grands

yeux, que je sois ....

si .... ! »

Je choisis un texte à écrire

AU FIL DU STYLO

La commande de chapeaux-jardin japonais

« Enfin toute la journée, et pendant trois jours, il ne se passe pas dix minutes sans qu'une jeune fille entre et réclame un chapeau-jardin japonais. »

9 **Écris** une petite scène **qui montre plusieurs amies de Marianne venant acheter un chapeau.**

Donne un nom à chaque jeune fille qui entre.
Fais-lui demander un chapeau-jardin japonais.
En t'aidant du texte, imagine les répliques de monsieur Robillard qui est de plus en plus stupéfait.

....

....

....

....

....

....

....

JEU DE MOTS

Une affiche promotionnelle

10 Rédige et illustre un texte pour une affiche qui annonce la vente de chapeaux-jardin japonais. Pense bien à y faire figurer toutes les informations nécessaires : la date, l'heure, le lieu, les modèles de chapeau disponibles, les prix...

VENTE DE ....

Date : .... **Heure :** ....

Lieu : ....

Modèles disponibles :	**Prix :**
....	....
....	....
....	....
....	....

Dessin

Un fabuleux chapeau

Chapitres 5, 6, 7 et 8

Je réponds oralement

LIGNE À LIGNE

Monsieur Robillard a-t-il bien fait de commander des chapeaux-jardin japonais ?
Où se trouvait le chapeau de Mimosa ?
À la fin de l'histoire, qu'est-ce qui a changé dans la vie des personnages ?

Je relis et je comprends mieux

LE TEXTE À LA LOUPE

1 L'arrivée des chapeaux ne produit pas le même effet sur monsieur Robillard et Roméo. Relève pour chacun les expressions qui le montrent.

Monsieur Robillard	Roméo

2 Lorsque Marianne sort dans la rue avec son chapeau, tout le monde est admiratif. Recopie les adjectifs qualificatifs employés par ses amies. Trouves-en d'autres.

3 Madame Rutabaga porte à son tour un chapeau-jardin japonais. Qu'est-ce qui l'a fait changer d'avis ?

4 Peut-on encore dire que la ruse de Roméo était « diabolique » ?

Je choisis un texte à écrire

AU FIL DU STYLO

Un article de journal

Tu es un journaliste qui arrive à Vasouville.

5 Écris un article pour raconter ce que tu vois dans la rue.
Donne un titre à ton article, dispose ton texte en colonne.
Illustre ton article avec un dessin. Rédige une légende.

Titre de mon article

....

Dessin

Légende de mon dessin

....

Une fiche conseil

6 Rédige une fiche conseil pour l'entretien des chapeaux-jardin japonais. Pense bien à tous les conseils que tu peux donner : Comment l'arroser, quand le sortir, où le ranger, à quel moment de l'année y mettre de l'engrais, comment ajouter de nouveaux éléments…

Vous venez d'acheter

UN CHAPEAU-JARDIN JAPONAIS DE CHEZ ROBILLARD

Voici quelques conseils pour le conserver longtemps en bon état.

Je pense que… et toi ?

EN DÉBAT

Le chapeau de Mimosa est-il vraiment magique ?
« Perplexe, Roméo se demande s'il doit croire aux chapeaux magiques. » (page 123)

7 Justifie ta réponse en t'appuyant sur des passages de l'histoire que tu viens de lire.

- Le chapeau de Mimosa est magique parce que :

- C'est grâce à Roméo que tout s'arrange parce que :

Je lis une image

Le jardin japonais utilise des éléments naturels comme des plantes, de l'eau, des pierres, des objets, etc... pour représenter en miniature des paysages.

1. Observe cette photo d'un jardin japonais.

2. Nomme les différents éléments qu'on a utilisés pour réaliser ce jardin.

....

....

3. Quels sont les éléments qui ont été fabriqués par l'homme ?

....

....

4. En regardant la photo, où penses-tu que tu pourrais te trouver ?

- ☐ au bord de la mer
- ☐ sur les rives d'un torrent
- ☐ près d'un étang
- ☐ sous une cascade

Je lis aussi

Chapeau, Balthazar !

de Wolfram Hänel

Balthazar est un chapeau tout à fait ordinaire. Il s'ennuie sur son étagère dans la boutique du chapelier rêvant du vaste monde.
Un jour, cependant, l'élégant Gontran entre dans la boutique et l'achète.
Hélas la vie de chapeau de Balthazar est bien monotone.
Mais avec l'été viennent les vacances et peut-être le début de l'aventure.

Lorsque l'élégant Gontran se glissa hors de la tente le lendemain matin, il ne put en croire ses yeux. Tout d'abord un lapin sauta de son chapeau, puis, alors que Gontran amorçait un geste majestueux pour se coiffer de Balthazar, un œuf en tomba.
Un œuf de Pâques d'une blancheur immaculée.

Gontran fut très contrarié. « Un œuf de Pâques en plein été ! ça c'est vraiment trop ! » marmonna-t-il. Puis il examina Balthazar sous toutes les coutures.
Il ôta quelques poils de lapin qui étaient restés sur Balthazar et lui dit d'une voix menaçante : « Attends que nous soyons rentrés à la maison, mon gaillard, et je t'emmènerai tout de suite au nettoyage ! »

Balthazar fut terrorisé. Il avait entendu les choses les plus horribles à propos du nettoyage. Et une fois même, il avait vu un de ses plus vieux amis qui en revenait : nettoyé à la vapeur, passé à la presse, assoupli et remis en forme, il n'était plus que l'ombre de lui-même. Non, Balthazar n'allait pas se laisser faire !
Il prit la décision de s'enfuir.

Le lendemain même, il en eut l'occasion. Gontran alla se promener avec lui sur la plage. Le vent charriait des senteurs mystérieuses, venues de lointains pays.
Balthazar ne put rester plus longtemps en place – pfuiiiit –
Le vent le souleva et l'emporta.
Le vent soufflait en rafales et en un rien de temps l'élégant Gontran ne fut plus qu'un point minuscule, agitant les bras, très loin sur la plage. Puis il disparut, et Balthazar fut emporté au-dessus de la vaste mer, rêvant des aventures qui n'allaient pas manquer de lui arriver.

Chapeau Balthazar !, (« Waldemar und die weite Welt »), de Wolfram Hänel,
illustré par Christa Unzner, traduit par Michelle Nikly,
© 1994, Nord-Süd Verlag AG, Gossau-Zürich/Suisse.

1. Comment s'appelle le chapeau ?

2. Pourquoi décide-t-il de s'enfuir ?

3. Qu'est-ce qui peut te faire penser que ce chapeau est vivant ?

4. Balthazar et le chapeau de Mimosa se rencontrent. Ils se racontent leurs aventures. Imagine que tu es l'un de ces deux personnages et raconte ce qui t'est arrivé depuis que tu t'es envolé.

5. Dessine le chapeau de Balthazar.

Je sélectionne des informations sur Internet

Monsieur Robillard a commandé des chapeaux au Japon.
Cherche des informations sur ce pays.

Mot-clé : JAPON

1. Trouve une carte du Japon.
2. Rédige une petite fiche pour le présenter.
3. Donne quelques exemples du mode de vie de ce pays.

Colle une carte ici.

Colle le drapeau ici.

Capitale : ....

Nombre d'habitants : ....

Monnaie : ....

Mode de vie

Nourriture : ....

Sports : ....

Vêtements : ....

Loisirs : ....

Habitat : ....

....

....

....

....

....

....

pp. 129-151

Cendrillon

Je découvre l'histoire

Charles Perrault

Cendrillon

Illustré par Evelyne Faivre
Gravures de Gustave Doré

HACHETTE *Éducation*

Charles Perrault
Écrivain français, né à Paris en 1628 et mort en 1703. Premier commis des Bâtiments du roi et bibliothécaire de l'Académie française, il est surtout connu pour ses Contes (*Peau d'Âne, Le Chat botté*, etc.) composés d'après d'anciens récits traditionnels.

Il était une fois une belle et gentille jeune fille du nom de Cendrillon. Sa belle-mère et ses sœurs l'humiliaient et la maltraitaient. Mais un jour sa marraine, la fée, lui permit d'aller au bal du prince…

8 ans et +

Que vois-tu sur la couverture ?

....

À quel moment de l'histoire te fait penser ce dessin ?

....

Connais-tu d'autres contes de Charles Perrault ? Cites-en au moins trois.

....

Que remarques-tu ?

....

Cendrillon
1ère partie

LIGNE À LIGNE

Je réponds oralement

Cendrillon a-t-elle le même caractère que sa belle-mère et ses sœurs ? Pourquoi ?
Qui va donner un bal ?
Cendrillon peut-elle y aller ? Pourquoi ?

LE TEXTE À LA LOUPE

Je relis et je comprends mieux

1 D'où vient le nom de Cendrillon ? Recopie la phrase du texte qui l'explique.

....

....

2 Fais la liste de tous les travaux que l'on donne à Cendrillon dans la maison.

....

....

....

....

3 Que peux-tu dire sur sa situation ? (N'oublie pas que, comme ses sœurs, c'est la fille d'un gentilhomme.)

....

....

....

....

....

....

Je joue avec la langue

JEU DE MOTS

4 Donne une explication pour le nom des héroïnes suivantes :

Les héros des contes ont souvent un nom en rapport avec une de leurs particularités physiques.

On l'appelle Boucle d'Or parce que :

....

On l'appelle Blanche-Neige parce que :

....

5 Lis le passage suivant. Retrouve le personnage dont il s'agit :

« Le plus jeune enfant était fort petit, et quand il vint au monde, il n'était guère plus gros que le pouce, ce qui fit qu'on l'appela

.... ».

Je pense que... et toi ?

EN DÉBAT

« La pauvre fille souffrait tout avec patience, et n'osait s'en plaindre à son père qui l'aurait grondée. »

6 Pourquoi, à ton avis, Cendrillon est-elle aussi patiente ?

....

....

7 T'est-il déjà arrivé d'avoir envie de te plaindre et de ne pas le faire ?

....

8 Qu'est-ce qui t'en a empêché ?

....

....

Je choisis un texte à écrire

Un nouveau héros de conte

9 Invente à ton tour un héros de conte.
Dessine-le en mettant bien en valeur une de ses particularités.

10 Donne-lui un nom en rapport avec sa particularité.

11 Écris un petit texte pour expliquer l'origine de son nom.

....

....

....

....

....

....

Se faire belle pour aller au bal

12 Relis le texte suivant :

On ne parlait que de la manière dont on s'habillerait.
« Moi, dit l'aînée, je mettrai mon habit de velours rouge et ma garniture d'Angleterre.
– Moi, dit la cadette, je n'aurai que ma jupe ordinaire ; mais en récompense, je mettrai mon manteau à fleurs d'or, et ma barrière de diamants, qui n'est pas des plus indifférentes. »
On envoya quérir la bonne coiffeuse, pour dresser les cornettes à deux rangs, et on fit acheter des mouches de la bonne faiseuse : elles appelèrent Cendrillon pour lui demander son avis, car elle avait le goût bon.

13 Souligne en bleu les vêtements et en rouge les accessoires utilisés par les deux sœurs pour se faire belles.

14 Imagine cette situation au XXIe siècle.
Réécris le passage en remplaçant les mots soulignés par des vêtements et des accessoires d'aujourd'hui.
(Fais attention à bien conserver la structure des phrases.)

Cendrillon

2ème partie

Je réponds oralement

LIGNE À LIGNE

Qui vient au secours de Cendrillon ? Quels sont ses pouvoirs ?
Que se passe-t-il lorsque Cendrillon arrive au bal ?
Pourquoi Cendrillon quitte le bal quand elle entend sonner onze heures trois quarts ?

Je relis et je comprends mieux

LE TEXTE À LA LOUPE

1 Complète le tableau en retrouvant dans le texte (pp.136-139) ce qui a été transformé.

Avant le coup de baguette magique		Après le coup de baguette magique
La citrouille	▶	Un beau carrosse tout doré
....	▶	Des habits de drap d'or et d'argent
....	▶	Six laquais en habits chamarrés
....	▶	Un gros cocher à moustaches
....	▶	Six chevaux d'un beau gris de souris

2 Quels points communs y a-t-il entre les objets ou les animaux avant et après leur transformation ?

....

....

3 Recopie une phrase (page 142) qui montre que tous les participants du bal sont attentifs à l'arrivée de Cendrillon.

....

....

Je joue avec la langue

JEU DE MOTS

Cendrillon arrive au bal

Il lui donna la main à la descente du carrosse, et la mena dans la salle où était la compagnie. Il se fit alors un grand silence ; on cessa de danser, et les violons ne jouèrent plus, tant on était attentif à contempler les grandes beautés de cette inconnue. On n'entendait qu'un bruit confus : « Ah ! qu'elle est belle ! »

Parler « grommelot », c'est parler de façon incompréhensible, comme dire « patati, patata... »

4 Tout d'abord pour créer l'ambiance de la salle du bal, invente une phrase en « grommelot » :

....

5 Choisis une manière de lire les phrases suivantes et entraîne-toi plusieurs fois.

« Ah ! qu'elle est belle ! » **ou** « Ah ! qu'il est beau ! »

Je choisis de dire ma phrase :

- ☐ en chuchotant
- ☐ avec enthousiasme
- ☐ avec étonnement
- ☐ à mi-voix
- ☐ en s'exclamant
- ☐ avec timidité

6 Avec tes camarades, regroupez-vous dans une salle.
Demandez à un(e) camarade de sortir, d'attendre cinq minutes, d'entrer, de traverser la salle (il, ou elle, jouera le rôle de Cendrillon ou d'un beau prince arrivant au bal.)

7 Commencez à dire votre phrase en « grommelot ».

8 Dès que votre camarade entre, faites un silence total.
Puis recommencez à parler en disant :
« Ah ! qu'elle est belle ! » **ou** « Ah ! qu'il est beau ! ».

9 Arrêtez-vous de parler lorsque votre camarade a terminé de traverser la salle.

10 Recommencez en faisant sortir un(e) autre camarade.

Je choisis un texte à écrire

AU FIL DU STYLO

Un nouveau véhicule

Tu souhaites te rendre sur une autre planète et tu vas demander à ta marraine fée de t'aider.
Tu auras besoin des objets suivants :

- une navette spatiale,
- une rampe de lancement,
- un « spatioscooter » pour te déplacer,
- un réservoir portatif d'oxygène,
- une combinaison de spationaute,
- un casque.

11 Imagine quels objets ta marraine pourrait te demander d'aller chercher pour les transformer.

Avant le coup de baguette magique		Après le coup de baguette magique
....	▶	une navette spatiale
....	▶	une rampe de lancement
....	▶	un « spatioscooter » pour te déplacer
....	▶	une combinaison de spationaute
....	▶	un réservoir portatif d'oxygène
....	▶	un casque

12 Écris un petit texte qui raconte la scène où ta marraine fée t'aide à t'équiper avant ton départ.

....

....

....

....

....

En attendant Cendrillon

En attendant Cendrillon qui est allée au bal, les souris transformées en chevaux, les lézards transformés en laquais, le rat transformé en cocher se mettent à discuter de l'aventure qui leur est arrivée.

13 Écris à quel endroit ils ont été trouvés.

14 Imagine ce qu'ils ont ressenti lorsqu'ils ont été transformés.

15 Imagine leur opinion sur leur transformation : en sont-ils contents ou mécontents ?

16 Maintenant écris la conversation qu'ils ont sur leur petite aventure. Va à la ligne chaque fois qu'un animal parle.

pp. 144-151

Cendrillon

3ème partie

Je réponds oralement

LIGNE À LIGNE

Qu'arrive-t-il à Cendrillon la seconde fois où elle se rend au bal ?
Que lui reste-t-il de tout ce que lui a donné sa marraine ?
Quel objet le prince ramasse-t-il ?
Que décide-t-il de faire ?

Je relis et je comprends mieux

LE TEXTE À LA LOUPE

1 Les deux sœurs de Cendrillon n'ont pas reconnu la princesse qui est venue au bal.
Recopie une phrase qui le montre.

....

2 Recopie une phrase qui peut expliquer pourquoi elles ne l'ont pas reconnue.

....

Je joue avec la langue

JEU DE MOTS

« Juste comme de cire » signifie « s'adapter parfaitement ». L'expression dans la phrase est employée dans un sens imagé.

« Le gentilhomme fit asseoir Cendrillon,
et approchant la pantoufle de son pied,
il vit qu'il y entrait sans peine
et qu'elle y était juste comme de cire. » (page 148)

3 Voici d'autres expressions imagées qui contiennent le mot « pied ».
Relie chaque expression à sa définition.

Lâcher pied •	• Complètement
Mettre pied à terre •	• Être impuissant
Des pieds à la tête •	• Être réaliste
Ne pas savoir sur quel pied danser •	• Abandonner
Être pieds et poings liés •	• Être de mauvaise humeur
Se lever du pied gauche •	• Descendre de cheval
Avoir les pieds sur terre •	• Etre indécis

AU FIL DU STYLO

Je choisis un texte à écrire

Le récit du premier bal

« Elle était occupé à raconter à sa marraine tout ce qui s'était passé au bal .... »
Tu vas aider Cendrillon à raconter son aventure à sa marraine.

4 Relis le récit du premier bal de Cendrillon dans ton livre (pages 142 et 143). Note les événements importants qui se sont produits.

....

....

5 Observe l'illustration des pages 141 et 142 pour décrire les costumes et l'attitude des invités.

6 Maintenant, rédige ton texte.

....

....

....

....

....

La suite d'une histoire

7 Lis le début d'une histoire.

C'était un samedi après-midi. Rose contemplait l'arrivée du printemps derrière la large baie vitrée de sa chambre. Quand brusquement, le vieux moulin à vent attira son attention. Ses bras semblaient tourner dans un sens puis dans l'autre.
« C'est impossible, pensa Rose. Il est désaffecté depuis plus d'un siècle ! »
« Je vais faire une petite promenade, maman », dit Rose.
« Bien, ma chérie, mais sois à l'heure pour le dîner ! »
Rose dévala les escaliers et se précipita le long de l'étroit chemin qui menait au moulin. Elle remarqua au loin une petite fille toute de rouge vêtue qui sautillait en faisant de grands signes.
« Cendrillon ! s'exclama la fillette lorsque Rose fut arrivée à sa hauteur, où étais-tu passée ? Nous étions morts d'inquiétude ! »
« Je m'appelle Rose », dit Rose, étonnée.

Je ne suis pas Cendrillon, Charlotte Dematons, éditions Kaléidoscope, 1996.

8 Pour écrire la suite de cette histoire, imagine un nouveau personnage que va rencontrer Rose.

9 Ce personnage va-t-il continuer à la prendre pour Cendrillon ?

10 Maintenant, écris la suite de l'histoire : raconte sa conversation avec ce personnage.

Je pense que... et toi ?

EN DÉBAT

Le conte de Perrault se termine sur ces mots :
« Cendrillon, qui était aussi bonne que belle, fit loger ses deux soeurs au palais, et les maria dès le jour même à deux grands seigneurs de la cour. » **(page 150)**

11 **Quelle est, selon toi, la plus grande qualité de Cendrillon ?**

12 **Parmi les proverbes suivants, choisis celui qui convient le mieux comme morale de ce conte.**

- ☐ On a toujours besoin d'un plus petit que soi.
- ☐ Rira bien, qui rira le dernier.
- ☐ La beauté est un rare trésor, mais la générosité vaut bien mieux encore.
- ☐ La fortune sourit aux audacieux.

13 **Explique pourquoi cette morale convient bien à ce conte.**

ARRÊT SUR IMAGE

Je lis une image

1 À quel passage du conte cette image te fait-elle penser ?

....

....

2 Compare cette image avec l'illustration de la page 137 de ton livre. Quelles différences remarques-tu ?

....

....

....

....

3 La marraine de Cendrillon vient te rendre visite chez toi. Décris-la comme tu l'imagines (taille, cheveux, âge, vêtements, etc.), puis dessine-la.

....

....

....

....

....

....

....

....

Je lis aussi

> Les frères Grimm ont écrit de nombreux contes, dont une autre version de Cendrillon.

• Texte 1

Cendrillon

des frères Grimm

Voici comment se termine le conte :

Quand Cendrillon se releva, le prince la reconnut et s'exclama :
« C'est elle la véritable fiancée ! »
La belle-mère et les deux demi-sœurs en pâlirent de rage, mais le prince prit Cendrillon sur son cheval et partit avec elle. Et quand ils passèrent non loin du noisetier, les deux colombes blanches roucoulèrent doucement :
Roucou-oucou, roucou-oucou
La pantoufle n'a rien du tout :
Sa fiancée est avec lui,
L'escarpin n'est pas trop petit.

Puis les colombes quittèrent l'arbre et vinrent se poser gracieusement sur les épaules de Cendrillon, une à droite et l'autre à gauche.
Le jour des noces de Cendrillon avec le fils du roi, arrivèrent les deux sœurs pour l'accabler de flatteries, car elles voulaient s'insinuer dans ses bonnes grâces.
Le cortège gagnait l'église derrière les fiancés, et la sœur aînée marchait à droite de Cendrillon, la cadette à sa gauche ; alors la colombe de droite et la colombe de gauche leur piquèrent à chacune un œil.
À la sortie de l'église, par contre, l'aînée marchait à gauche de Cendrillon et la cadette à droite ; alors les deux colombes leur piquèrent à chacune l'autre œil.
Et c'est ainsi que, par la cécité jusqu'à leur dernier jour, elles ont été punies de leur méchanceté et de leur fausseté.

1 Ici, la fée n'apparaît pas. Quels sont les personnages qui aident Cendrillon ?

....

2 Les deux sœurs de Cendrillon se comportent-elles de la même façon que dans la version de Perrault ? Que leur arrive-t-il ?

....

3 À ton avis, leur punition est-elle justifiée ? ....

4 Laquelle des deux fins préfères-tu ? Pourquoi ?

....

....

• Texte 2

Cendrillon

Un opéra de Jules Massenet

Voici un extrait de Cendrillon, *conte de fées en quatre actes qui raconte le départ pour le bal.*

Opéra :

Jules Massenet (1842-1912) est un compositeur français qui a écrit de très nombreux opéras (récits chantés avec un accompagnement d'orchestre).

NOÉMIE ET DOROTHÉE : *(à Pandolfe)* Ne sauriez-vous pas trouver un mot aimable à dire *(se montrant, prétentieusement)* En voyant nos beautés ?
PANDOLFE : *(préoccupé)* Excusez-moi… j'admire…
(à part) Ne disons rien, restons tranquille en notre coin,
Ne voulant de près ou de loin
Ajouter même une parole…
MADAME DE LA HALTIÈRE : *(à Pandolfe, brusquement)*
Eh bien ! Qu'avez-vous donc ?
Vous restez comme un pieu
Planté là !
NOÉMIE : *(à Pandolfe, sur le même ton)* Venez donc !
DOROTHÉE : *(de même)* Et partons !
MADAME DE LA HALTIÈRE : Venez vite !
PANDOLFE : *(avec embarras)* Tout de suite ! Tout de suite ! de suite !
NOÉMIE, DOROTHÉE ET MADAME DE LA HALTIÈRE :
Venez ! Venez ! Venez ! nous serons en retard !
PANDOLFE : *(à part, très ému)* Ma Lucette *(en larmes)* je pars ! je pars… sans t'avoir dit adieu !
Je te laisse encor seule, *(très sensible)* Ô ma pauvre petite !
Je pars sans même oser
Te donner un baiser !

1 Observe comment est rédigé cet extrait d'opéra. À quel type de texte cela te fait-il penser ?

……………………………………………………………………………………………

……………………………………………………………………………………………

2 L'auteur a donné un nom aux personnages du conte. Pandolfe est le père de Cendrillon. Peux-tu dire qui sont les autres personnages ?

……………………………………………………………………………………………

……………………………………………………………………………………………

3 Quel personnage prend ici plus d'importance que dans le conte de Perrault ?

....

4 Dans ton livre, au début du conte (p. 132), recherche une phrase qui explique le comportement du père.

....

5 Comment se comportent la belle-mère de Cendrillon et ses sœurs avec lui ?

....

....

Oral :

Joue la scène avec tes camarades. Pendant que les personnages parlent, Cendrillon est au fond de la scène et fait son travail.

Je sélectionne des informations sur Internet

Tu connais très bien la plupart des contes de Charles Perrault, mais que sais-tu sur leur auteur ? Recherche des informations pour mieux faire connaissance avec lui.

Mot-clé : PERRAULT

Oral :

Recherche le texte d'un conte de Perrault que tu ne connaissais pas. Résumes-en brièvement l'histoire, puis viens la présenter à tes camarades.

1 À quelle époque a-t-il vécu ?

....

2 Qui était alors roi de France ?

....

3 Pour quel grand ministre a-t-il travaillé ?

....

4 Complète cette fiche d'identité. Recherche un portrait de Charles Perrault et colle-le ci-dessous.

Nom : Perrault

Prénom : Charles

Né en : .... à ....

Mort en : .... à ....

5 Parmi ces contes, raye les contes que Perrault n'a pas écrit. (Trouve une liste de contes pour vérifier.)

- Cendrillon
- La Belle au bois dormant
- Blanche-Neige
- Le Chat botté
- Peau d'âne
- La Petite Sirène
- Le Petit Poucet
- Riquet à la houppe
- La Belle et la Bête
- Les Fées
- L'Oiseau d'ourdi
- Le Petit Chaperon rouge

Édition : Thierry Amouzou
Fabrication : Isabelle Simon-Bourg
Illustrations : Marianne Maury-Kaufmann,
Annie-Claude Martin, Léone Berchadsky, Évelyne Faivre
Logos : Florence Delclos
Création et réalisation de la couverture : Estelle Chandelier
Création de la maquette intérieure : Michèle Bisgambiglia
Réalisation de la maquette intérieure : Michèle Bisgambiglia
Relecture : Chantal Maury
Photogravure : Nord Compo

Achevé d'imprimer en France en Août 2021 par Dupli-Print à Domont (95)
Dépôt légal : Février 2020 - Collection n° 73 - Édition 14 - N° d'impression : 2021073200
11/6446/6